선사시대부터 **현대사**까지 흐름 꿰뚫기

초등
한국사 **9**

근현대 3 : 대한민국

KB135649

공부한 달 :   년   월

〈9호 수업안내문 | 근현대 3 : 대한민국〉

제목	학습목표	학습내용
1차시 대한민국 정부 수립	· 8 · 15 광복에서 대한민국 정부 수립까지의 과정을 이해한다. · 6 · 25 전쟁의 원인과 전개 과정 및 피해상과 대한민국에 미친 영향을 이해한다.	**01** 8 · 15 광복(1945) **02** 대한민국 정부 수립(1948) **03** 6 · 25 전쟁(1950) **04** 6 · 25 전쟁이 미친 영향
2차시 민주주의를 위한 노력	· 1948년 대한민국 정부 수립부터 현재까지 대한민국의 정치 변화를 이해한다. · 1948년 대한민국 정부 수립부터 현재까지 민주주의를 위한 노력을 이해한다.	**01** 4 · 19 혁명(1960) **02** 5 · 16 군사 정변(1961) **03** 5 · 18 민주화 운동(1980) **04** 6월 민주 항쟁(1987)
3차시 산업화와 경제발전	· 전쟁의 폐허를 딛고 경제가 발전한 과정을 말할 수 있어요. · 산업화로 달라진 생활 문화에 대해 말할 수 있어요.	**01** 경제 개발 5개년 계획 **02** 새마을 운동 **03** 달라진 생활 문화 **04** 외환 위기의 극복
4차시 평화통일를 위한 노력	· 남북한의 평화통일을 위한 노력을 이해하고, 우리가 할 수 있는 일을 알아본다. · 더불어 사는 사회와 세계 평화를 위해 우리가 할 수 있는 일을 알아본다.	**01** 남한의 사회 모습 **02** 북한의 사회 모습 **03** 남북한 통일을 위한 노력 **04** 인류의 평화를 위한 노력

이 달에 배우는 한국사 연표

1945	**1948**	**1950**	**1953**
8 · 15 광복	대한민국 정부 수립, 조선민주주의인민공화국 수립	6 · 25 전쟁 발발	휴전협정

1960	**1961**	**1963**	**1972**	**1979**
4 · 19 혁명	5 · 16 군사정변	박정희 정부 수립	유신헌법 통과	10 · 26 사태 발생

1980	**1981**	**1987**	**1988**	**1997**	**2000**
5 · 18 민주화 운동	전두환 정부 수립	6월 민주항쟁	서울 올림픽	외환 위기	남북정상회담

1 대한민국 정부 수립

공부하고 스스로 평가하기

8·15 광복과 함께 우리나라가 왜 남과 북으로 분단됐는지 말할 수 있어요.

남과 북에 서로 다른 정부가 들어서게 된 배경을 말할 수 있어요.

6·25 전쟁이 일어난 배경과 전개 과정을 말할 수 있어요.

6·25 전쟁 후 맺어진 휴전 협정이 무엇인지 말할 수 있어요.

독립을 위해 끊임없는 노력을 기울인 우리나라는 1945년 8월 15일 일본이 연합군에 무조건 항복하면서 35년 동안의 식민 지배에서 벗어나 광복을 맞이했습니다.

일본 무조건 항복 – 8·15 광복을 맞이하다!

1945년 8월 15일 정오, 라디오에서 일본 천황 히로히토가 연합군에 무조건 항복한다는 방송이 울려 퍼졌다. 35년 동안의 일제 식민 지배에서 벗어나 해방을 맞이한 우리 국민들은 감격에 겨워 거리로 뛰쳐나와 만세를 부르며 축하 행진을 벌였다. 나라 안팎에서 활동하던 국내외 독립운동가들(여운형, 김구, 이승만 등)도 새 나라를 세우기 위한 준비를 진행했다. 광복 이후 사람들의 생활 모습도 달라졌다. 일제 시대에 나라를 떠나야 했던 사람들 중 일부가 고향으로 돌아왔으며, 우리 민족은 일본인들의 횡포를 겪지 않게 되었다. 학교에서는 우리말과 한글, 우리 역사를 배울 수 있게 되었다.

38도선 – 북쪽 소련군, 남쪽 미군이 주둔하다!

2차 세계대전의 승전국인 미국과 소련은 항복한 일본군의 무장 해제를 위해 우리나라에 들어왔다. 북위 38도를 기준으로 북쪽은 소련군이, 남쪽은 미군이 각각 일본군의 무장 해제를 담당하였다. 미국과 소련은 2차 세계대전 때는 같은 편이었지만, ㉠전쟁이 끝나자 미국을 중심으로 한 자유 진영과 소련을 중심으로 한 공산 진영의 경쟁이 심지면서, 한반도에 자기 나라에 우호적인 정부를 세우고자 했다. 두 나라의 군대는 일본군의 무장 해제가 끝난 후에도 한반도에 계속 주둔하며 군정(군사 정부)을 실시하였다. 이는 우리나라 분단의 시발점이 되었다. 그래서 남쪽은 미국의 영향 아래 자본주의로 나아가고, 북쪽은 소련의 영향 아래 사회주의로 나아가면서 남과 북은 완전히 서로 다른 길을 걷게 되었다.

| 주둔(駐머무를주 屯진칠둔) : 진치고 머무르다 : 군대가 임무 수행을 위하여 일정한 곳에 집단적으로 얼마 동안 머무르는 일

광복이란 무슨 뜻인가요? 우리나라가 광복을 맞이한 날은 언제인가요?

光 復
빛 광 회복할 복

[   ] 년 [   ] 월 [   ] 일

2 다음 지도를 읽고 물음에 답합시다.

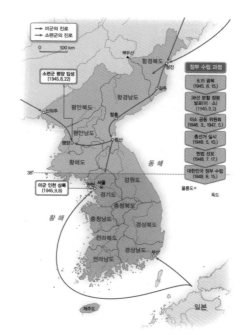

1 소련군이 우리나라에 들어온 경로를 표시하고, 평양에 들어온 날을 쓰세요.

2 38도선의 분할 점령을 발표한 날은 언제인가요?

3 미군이 우리나라에 들어온 경로를 표시하고, 인천에 들어온 날을 쓰세요.

4 소련군과 미군은 왜 우리나라에 들어왔나요?

3 다음 사전의 뜻풀이를 읽고 사진을 자세히 보며 무슨 장면인지 설명한 후, ○○에 들어갈 낱말을 쓰세요.

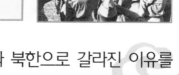

○○ : 전쟁중 점령한 지역의 군사령관이 행하는 임시 행정. 8 · 15 광복과 함께 한국은 38도선 이남은 미군, 38도선 이북은 소련군의 점령 아래 놓였다. 미군은 1945년 9월 8일 서울에 주둔하면서 남한에 ○○을 실시한다고 발표하였다.

4 ㉠을 참조하여, 8 · 15 광복 후 우리나라가 남한과 북한으로 갈라진 이유를 추론해 보세요.

8 · 15 광복

일본의 항복

북위 38선

광복 이후 미국과 소련에 의해 국토가 나누어지고, 만들고자 하는 나라에 대한 민족 지도자들의 생각이 서로 다르면서 남한과 북한에 서로 다른 정부가 들어섰습니다.

모스크바 3상 회의(1945.12) : 신탁 통치 반대와 회의 결정 지지로 대립

1945년 12월, 2차 세계대전의 승전국인 미국, 소련, 영국 세 나라는 소련 모스크바에서 만나 한국 문제를 협의했는데, "한반도에 민주적인 임시 정부를 수립하고, 임시 정부와 협의를 거쳐 신탁 통치를 실시한다. 이와 같은 일의 해결을 위해 미소 공동 위원회를 설치한다."는 내용이었다. 신탁 통치를 제안한 것은 미국이었는데, 〈동아일보〉에 소련이 제안했다고 잘못 보도되어 독립을 간절히 바라던 대다수 국민들은 소련을 반대하는 신탁 통치 반대 운동을 격렬하게 벌였다. 나중에 모스크바 3상 회의 결정이 제대로 전해지면서 사회주의 지지자들은 회의 결정 지지로 의견을 바꾸었다. 그러자 우리 민족은 신탁 통치 반대와 3상 회의 결정 지지로 나뉘어 많은 갈등을 겪었다.

이승만의 남한 단독 정부 대 김구의 남북한 통일 정부

미국과 소련은 미소 공동 위원회를 두 번 열어 임시 정부 수립을 위한 논의를 진행했으나 의견 차이가 커서 임시 정부 수립에 어려움이 생겼다. 이에 이승만은 남한만이라도 임시 정부를 세워야 한다고 주장하였다. 결국 미국은 1947년 9월 우리나라 문제를 국제 연합(UN)에 넘겼다. 국제 연합은 남북한 동시 총선거를 실시하도록 하고 유엔 한국 임시 위원단을 파견하였다. 그러나 북한이 이 결정을 거부하자 국제 연합은 남한만이라도 총선거를 실시하도록 결정했다. 남한만의 총선거에 반대한 김구는 북한과의 계속적인 협상을 통해 통일 정부를 수립할 것을 주장하였다.

1948년 5·10 총선거 → 대한민국 정부 수립

이승만 대통령 취임식

김구는 1948년 북한에서 열린 남북 연석 회의에 참석하여 북한 지도자인 김일성을 만나 통일 정부 수립을 위해 노력했으나 끝내 뜻을 이루지 못했다. 이에 남한에서는 1948년 5월 10일 제헌 국회 의원을 선출하는 총선거가 실시되었다. 총선거를 통해 구성된 제헌 국회는 나라 이름을 대한민국으로 정하고, 7월 17일에 3·1 운동과 대한민국 임시 정부의 독립 정신을 계승한 제헌 헌법을 반포하였다. 초대 대통령에 선출된 이승만 대통령은 1948년 8월 15일 대한민국 정부 수립을 선포했다. 그러자 북한은 같은 해 9월 9일 김일성을 수상으로 조선 민주주의 인민 공화국 정부를 수립했다. 하지만 국제 연합은 12월 대한민국 정부를 한반도의 유일한 합법 정부로 승인하였다.

1 다음 모스크바 3국 외상 회의 결정 사항과 사진을 보고, 당시 상황을 상상하며 나의 의견을 말해 보세요.

모스크바 3국 외상 회의 결정 사항

1. 조선 내 각 계층의 민주 세력이 참여하는 임시 조선 민주주의 정부를 수립한다.
2. 임시정부와의 협의를 거쳐 최대 5년간 4개국(미, 소, 중, 영)의 신탁 통치 실시를 결정한다.
3. 조선 문제 해결을 위한 미소공동위원회를 설립하고 조속히 의논한다.

회의 결정 지지

신탁 통치 반대

나는 모스크바 3상 회의 결정 사항을 (찬성 / 반대)한다.

왜냐하면

2 다음 중 누구의 주장이 더 옳다고 생각하는지 여러분의 의견을 말해 보세요.

이승만
통일정부를 수립하려 해도 북한과의 협상이 뜻대로 되지 않습니다. 그러니 선거가 가능한 남한만이라도 총선거를 실시하여 정부를 수립해야 합니다.

김구
두 개의 정부가 아닌 하나의 정부를 수립해야 합니다. 시간이 걸리더라도 통일정부 수립을 위해 반드시 북한과 협상해야 합니다.

3 다음 도표를 채우며, 남한과 북한에 들어선 정부의 차이점을 이해합시다.

	남한	북한
정부 수립일		
나라 이름		
최고 지도자		

03 6·25 전쟁(1950)

남한과 북한에 서로 다른 정부가 들어서 결국은 같은 동포끼리 총부리를 겨누는 비극적인 6·25 전쟁이 일어났습니다.

1950년 6월 25일 – 북한의 침략으로 서울을 빼앗기다

1948년 나라가 둘로 나뉘었지만 남북에 사는 사람들 모두 이러한 분단 상태가 오래갈 거라고 생각하지 않았다. 하지만 미국과 소련의 대립이 점점 심해지면서 남과 북의 사이도 점점 나빠져 38선 주변에서는 무력 충돌이 자주 일어났다. 1950년 6월 25일 일요일 새벽, 북한이 탱크를 앞세우고 38선을 넘  어 남쪽으로 밀고 내려왔다. 국군은 북한군의 공격에 맞섰지만 사흘 만에 서울을 빼앗기고 낙동강 이남으로 후퇴해야만 했다.

1950년 9월 15일– 인천 상륙 작전으로 평양을 장악하다

한반도에 전쟁이 일어났다는 소식을 접한 미국은 국제 연합 안정보장이사회를 소집했다. 국제 연합은 북한을 침략자로 규정하고 16개국의 지원군으로 구성된 국제 연합군을 파병하였다. 국군과 국제 연합군은 9월 15일 인천 상륙 작전을 성공시켜 서울을 되찾고, 북진하여 평양과 북한 지역 대부분을 장악한 후 압록강까지 진격했다.

1950년 10월 25일 – 중국군의 개입으로 후퇴하다

국군과 유엔군이 압록강까지 진격하여 통일이 눈앞에 다가온 듯했으나 중국군의 개입으로 국군과 유엔군은 후퇴할 수밖에 없었다. 이듬해 1월 4일에는 다시 북한군한테 서울을 빼앗겼다가 (1·4 후퇴), 전열을 정비하여 다시 되찾았다.

1953년 7월 27일 – 휴전 협정 체결

그후 전쟁은 북위 38도선을 경계로 국군과 국제 연합군 그리고 북한군 및 중국군 사이에 밀고 밀리는 전투가 계속되었다. 1951년 국제 연합군은 북한군, 중국군과 휴전 협상을 시작하였다. 대한민국 정부는 휴전에 반대하였으나, 결국 1953년 7월 27일 휴전선을 정하여 전쟁을 멈추기로 약속하는 휴전 협정이 체결되었다. 휴전 협정으로 남북은 휴전선을 경계로 다시 둘로 나누어지게 되었다.

1 광복을 이루고 약 5년 후 6 · 25 전쟁이 일어났습니다. 그 원인은 무엇일까요?

2 다음 지도를 보고 6 · 25 전쟁의 전개 과정을 정리해 봅시다.

1 북한군이 남침한 날짜는?

2 유엔군이 인천 상륙 작전을 펼친 날짜는?

3 중국군이 전쟁에 개입한 날짜는?

4 휴전 협정을 체결한 날짜는?

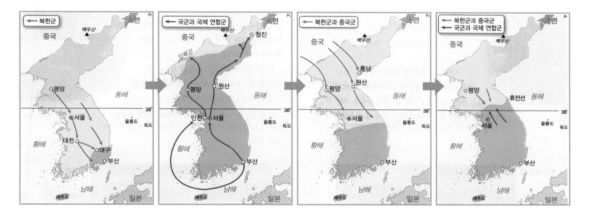

3 다음 사진을 보고 해당 사건을 연표에 써 넣으면서 6 · 25 전쟁 연표를 완성해 보세요.

1953년 7월 27일 휴전 협정(정전 협정)을 맺고 3년 동안의 전쟁은 끝이 났지만, 우리 민족은 많은 피해를 입었고 남과 북의 갈등이 깊어졌습니다.

전쟁의 피해와 상처

3년 1개월에 걸친 전쟁으로 남북한은 모두 엄청난 피해를 입었다. 200만 명이 넘는 사람이 죽었고, 1천만 명이 넘는 이산가족이 생겨났다. 도로, 건물 등 공업 시설이 절반 가까이 파괴되어 남북한 모두 암흑기를 겪었다.

끊어진 한강 철교

6·25 전쟁은 또한 군인들만의 싸움이 아니었다. 부모를 잃은 전쟁고아가 10만 명이나 생겼고, 많은 젊은이들이 학도병으로 끌려가 전쟁터에서 죽거나 다쳤다. 북한군이 점령할 때는 국군에 협조한 사람들에게 보복을 가했고, 국군이 점령할 때에는 반대로 북한군에 협조한 사람들에게 보복을 가해 많은 사람이 죽었다. 또 전쟁으로 가족과 헤어져서 찾지 못하는 이산가족이 많이 생겨났다. 이후 이산가족 찾기 방송이나 남북한 이산가족 상봉 행사 같은 일들이 있었지만 아직도 많은 이산가족들이 가족을 만나지 못한 채 살아가고 있다. 하지만 전쟁이 남긴 가장 큰 상처는 뭐니 뭐니 해도 얼마 전까지만 해도 같은 민족이었던 상대방을 6·25 전쟁을 겪으면서 거의 회복이 불가능할 정도로 서로를 적으로, 원수로 미워하게 된 것이다.

휴전 협정 후

휴전 협정 후 스위스 제네바에서 한반도의 문제를 평화적으로 해결하기 위해 남북한을 비롯한 미국, 소련, 중국 등 전쟁 관련국들의 회의가 열렸다. 그러나 양측의 주장이 대립하면서 성과 없이 끝났고 지금까지 휴전 상태에 있다. 휴전(休쉴휴,戰싸울전)이란 말 그대로 전쟁을 쉬고 있는 상태, 다시 말해 언제라도 전쟁이 다시 시작될 수 있는 불안한 상태라는

것이다. 그래서 휴전 협정을 평화 협정으로 바꿔야 한다고 주장하는 사람들이 많다.

1 6·25 전쟁은 같은 동포끼리 총부리를 겨눈 비극적인 전쟁이었습니다. 당시의 상황을 상상하며 이들이 했을 법한 말을 말풍선에 써 보세요.

피란민

학도병

전쟁고아

2 다음 글을 읽고 38선과 휴전선의 차이점을 말해 보세요.

> **38선** : 제2차 세계대전이 끝나면서 일본군의 무장 해제를 위해 우리나라에 진주한 미·소 양국이 북위 38도선을 경계로 한반도를 남과 북으로 나누어 점령한 군사 분계선. 8·15 광복 직후부터 1953년 휴전 협정 때까지, 남한과 북한의 정치적 경계선이 되었다.
>
> **휴전선** : 1953년 7월 27일 6·25 전쟁을 휴전하면서 '한국 군사정전에 관한 협정(정전 협정)'에 규정된 휴전의 경계선을 말한다. 양군은 군사분계선 후방으로 남북 양쪽 2km에 무장을 금지하는 비무장지대(DMZ)가 있다.

3 휴전 협정과 평화 협정의 차이점을 밝히고, 나의 주장을 말해 보세요.

> **휴전 협정** : 1953년 7월 27일, 3년 동안에 걸친 6·25 전쟁의 전투 행위를 중지하기로 한 협정. 이 협정으로 남북은 일시적으로 적대 행위는 정지되지만 전쟁 상태는 계속되는 국지적 휴전 상태에 들어갔고, 남북한 사이에는 비무장지대와 군사분계선이 설치되었다.
>
> **평화 협정** : 군사적으로 대치하고 있는 나라나 지역에서 군사 행동을 중지하고 평화 상태를 회복하거나 우호 관계를 발전시키기 위하여 맺는 협정

이산가족을 찾아 주세요.

다음 사진은 1983년
KBS 이산가족 찾기 현장의
인파와 벽보입니다.
우리 가족이 6 · 25 전쟁 때
헤어진 이산가족이라
상상하며 벽보를
만들어 보세요.

2 민주주의를 위한 노력

공부하고 스스로 평가하기

1960년 4 · 19 혁명이 일어난 원인과 결과를 말할 수 있어요.

5 · 16 군사 정변으로 세워진 박정희 정부와 이후 유신 체제에 대해 말할 수 있어요.

1980년 5 · 18 광주 민주화 운동이 일어난 원인과 진행 과정에 대해 말할 수 있어요.

1987년 6월 민주 항쟁이 일어난 배경과 6 · 29 선언의 내용이 무엇인지 말할 수 있어요.

4·19 혁명은 부정부패와 부정 선거로 영구 집권을 꿈꿨던 이승만과 자유당 정권을 국민들이 나서서 무너뜨린 민주화 운동입니다.

1952년 발췌 개헌과 1954년 사사오입 개헌

이승만

광복 후 1948년 남한만의 총선거로 국회가 만들어졌고 국회에서 이승만을 첫 대통령으로 뽑았다. 그런데 1950년 제2대 국회의원 선거에서 이승만을 지지하는 국회의원이 과반수를 차지하지 못했다. 국회에서 대통령을 뽑는 방식으로는 대통령이 될 수 없자 이승만과 자유당은 국민이 직접 대통령을 뽑는 헌법 개정안을 제출했다. 이 개정안이 국회에서 통과되지 못하자 한번 통과되지 못한 것 중에서 중요한 것만 뽑아(발췌) 다시 통과시켰다. 이 발췌 개헌으로 1952년 이승만은 2대 대통령으로 당선되었다. 그런데 당시 헌법에 따르면 대통령은 두 번만 할 수 있었다. 이미 대통령을 두 번 지낸 이승만은 또 헌법을 바꾸려고 했다. 헌법을 바꾸려면 국회의원 3분의 2 이상이 찬성해야 하는데, 찬성표가 1표 부족한 135표가 나왔다. 그러자 자유당은 203명의 3분의 2는 135.333인데 0.333을 사사오입(반올림)하면 135표라고 억지를 부려 개헌안을 통과시켰고, 이승만은 1956년 또 3대 대통령으로 선출되었다.

1960년 3·15 부정선거와 4·19 혁명

1960년 3월 15일 4대 대통령과 부통령을 뽑는 선거에서 자유당은 갖은 부정한 방법으로 이승만과 이기붕을 당선시켰다. 그러자 분노한 국민들이 선거 무효와 재선거를 주장하며 들고 일어났다.

3월 15일 마산에서 시작된 시위는 서울, 부산 등 전국으로 번져 나갔다. 4월 19일 서울의 대학생들은 "현실을 그냥 보고만 있을 수 없으며, 정의와 민주주의를 위해 일어나야 한다"는 내용의 선언문을 낭독하고 시위를 시작했다.

"3·15 부정선거 다시 하라." "1인 독재 물러가라."

경찰이 시위대를 향해 총을 쏘아 죽거나 다치는 사람들이 늘어나자 분노한 시민들이 경찰과 맞서 싸우며 시위대는 점점 더 불어났다. 심지어 초등학생도 시위대에 참여했으며, 4월 25일에는 대학 교수들이 참여했다. 이튿날인 4월 26일 이승만은 대통령에서 물러나겠다고 발표한 뒤 미국 하와이로 떠났다. 이후 국회는 헌법을 고쳐 대통령은 나라를 대표하고 국무총리가 나라 살림을 맡도록 하였다. 4·19 혁명은 우리 국민 스스로의 힘으로 민주주의를 지켜 낸 사건으로, 4·19 혁명의 정신은 우리나라 민주주의를 지켜 내고 발전시키는 밑거름이 되었다.

4·19 혁명 기념탑

1 민주주의란 무엇인가요?

民　主　主　義
백성 **민** 주인 **주** 주인 **주** 옳을 **의**

2 다음 사진을 보고, 주변의 낱말들을 이용하여 4 · 19 혁명의 전개 과정과 결과를 말해 보세요.

이승만과 자유당 독재 정권

발췌개헌

사사오입개헌

1대~4대
대통령

마산

서울

대학생

시민

총

초등학생

대학교수

李大統領下野決意
正·副統領再選擧도實施
東亞日報

하야

하와이

대통령

부통령

재선거

1961년 5·16 군사 정변으로 정권을 잡은 박정희는 18년 동안이나 대통령을 하면서 유신 헌법을 만들어 민주주의를 억압했습니다.

1961년 5·16 군사 정변

4·19 혁명 이후 재선거가 실시되어 대통령은 윤보선, 국무총리는 장면이 선출되었다. 그 동안 독재 정권에 눌려 있던 국민들은 새 정부에게 다양한 요구를 하였으나, 정부는 이를 즉각적으로 수용하기 어려웠다. 이에 불만을 품은 사람들이 늘어나면서 사회가 혼란스러워지자 박정희 소장 등 일부 군인들이 국민 생활의 안정과 공산주의 반대를 주장하며 군대를 동원하여 민주 정부를 몰아내고 군정을 실시하였다.

박정희

유신 헌법과 유신 체제

5·16 군사 정변을 일으켜 1963년 대통령이 된 박정희는 헌법을 바꿔 가면서 1967년, 1971년 대통령에 세 번 당선되었다. 1971년 선거에서 어렵게 당선된 박정희는 정상적인 방법으로는 정권을 유지하기 어렵다고 판단하고 1972년 10월 26일 비상 계엄을 선포하고 대통령을 통일주체국민회의에서 간접 선거로 선출하는 유신 헌법을 통과시켜 장기 집권

유신 헌법 공포식

을 할 수 있는 길을 열었다. 계엄이란 전쟁 등 비상사태에 질서를 유지하기 위해 군대를 동원하는 것을 말한다. 민주주의를 억압하는 유신 헌법을 반대하는 국민들의 목소리가 높아지자 박정희 정권은 유신 헌법을 반대하는 사람들을 모두 잡아 가두었다. 1979년 부산과 마산에서 많은 학생들과 시민들이 유신 반대 시위를 일으켰다. 박정희 정부는 대처 방안을 두고 권력 내부에서 갈등이 일어났고, 결국 10월 26일 박정희 대통령이 중앙정보부장 김재규가 쏜 총에 맞아 숨을 거두면서 유신 체제도 막을 내렸다. 박정희 정권은 경제 개발을 위해 노력한 점은 국민의 호응을 받았으나 민주주의의 후퇴를 가져왔다는 비판을 받게 되었다.

❘ 군사 정변이란 무슨 뜻인가요?

軍 事 政 變
군사 군 일 사 정치 정 변할 변

2 박정희와 일부 군인들은 5 · 16 군사 정변을 일으킨 이유를 무엇이라고 했나요?

> **<5 · 16 군사 정변 때 발표한 혁명 공약>**
>
> 친애하는 애국 동포 여러분!
> 은인자중하던 군부는 드디어 오늘 아침 미명을 통해서 일제히 행동을 개시하여 국가의 행정, 입법, 사법의 3권을 완전히 장악하고, 이어 군사혁명위원회를 조직하였습니다. 군부가 궐기한 것은 부패하고 무능한 현 정권과 기성 정치인들에게 이 이상 더 국가와 민족의 운명을 맡겨둘 수 없다고 단정하고 백척간두에서 방황하는 조국의 위기를 극복하기 위한 것입니다.

3 박정희 대통령은 몇 년 동안 대통령을 하였나요?

4 박정희 대통령은 왜 유신 헌법을 만들어 통과시켰나요?

 유신 헌법에서는 대통령을 어떻게 선출하지?

5 국민들은 유신 헌법에 대해 어떠한 반응을 보였나요? 박정희 정부는 어떻게 대처했나요?

6 국민들은 박정희 정권을 어떻게 평가했나요?

> 호응 :

> 비판 :

5·18 민주화 운동은 전두환 등 군인들이 군사 정변을 일으켜 또다시 민주주의를 억압하자 광주 시민들이 벌인 민주화 운동입니다.

12·12 사태 - 군인들이 무력으로 다시 정권을 잡다

박정희 대통령이 죽은 후 민주주의가 회복되리라는 국민의 기대가 커져 갔으나 1979년 12월 12일 전두환 보안사령관을 중심으로 한 일부 군인들이 또 다시 군사 정변을 일으켜 정권을 장악했다(신군부). 그러자 전국의 대학생들이 들고 일어나 "전두환 등 군인 세력은 물러가라"며 시위를 벌였다. 전두환은 비상 계엄을 확대하여 정치인과 시민들을 체포했다.

5·18 민주화 운동

1980년 5월 18일, 광주의 학생과 시민들은 계엄령을 철폐하고 민주 인사를 석방할 것을 요구하며 시위를 벌였다. 그러자 군인들이 시위대를 향해 무차별 폭력을 휘둘렀고, 이에 시위에 나선 학생과 시민들은 죽거나 다쳤다. 군인들의 강경 진압에 분노한 시민들이 대규모 집회를 열어 항의했으나 돌아온 것은 더욱 무자비한 폭력이었다.

5월 21일에는 군인들이 시위대를 향해 집중 사격을 퍼부었고 수많은 시민이 총에 맞아 그 자리에서 죽었다. 광주 시민들은 군인들의 폭력에 맞서 스스로 목숨을 지키기 위해 시민군을 조직하여 저항했다. 하지만 5월 27일 새벽 4시, 협상을 거부한 군대가 시민들이 있는 도청을 기습 공격하여 무차별 총격을 가해 대부분 사망했다. 사망 또는 실종자 224명, 부상자 3028명, 10일 동안 희생된 국민의 숫자이다. 전두환은 이처럼 민주주의의 회복을 요구하는 시민들을 폭력적으로 진압하고 대통령이 되었다.

이 사건은 1990년대에 이르러 민주화 운동으로 인정받았고, 1995년 '민주화 운동에 대한 특별법'이 만들어져 5·18 민주화 운동 당시 목숨을 잃거나 다친 희생자들의 명예를 회복시키고 그 가족들에게 조금이나마 위로를 줄 수 있게 되었다.

1 다음 중 전두환과 비슷한 방법으로 대통령이 된 사람은?

① 이승만 　　② 박정희 　　③ 노태우 　　④ 김영삼 　　⑤ 이명박

2 다음 사진을 따라가면서 5·18 광주 민주화 운동의 전개 과정을 발표하고, 5·18 민주 묘지에 세울 비문을 써 보세요.

시민군의 대항

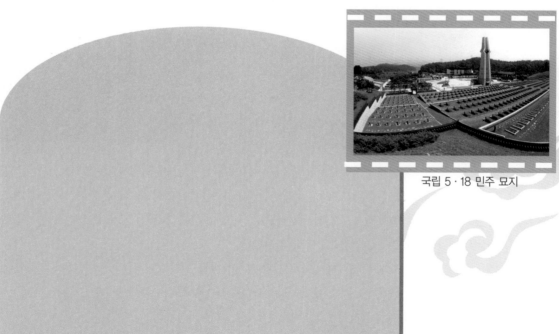

국립 5·18 민주 묘지

6월 민주 항쟁(1987)

6월 민주 항쟁은 전국의 학생, 시민, 노동자 등이 독재 정권 타도와 민주 헌법을 요구하며 일어난 민주화 운동으로, 6·29 민주화 선언이 이루어졌습니다.

6월 민주 항쟁

군사 정변으로 정권을 잡은 전두환은 대통령이 된 후 신문이나 방송 등 언론을 통제하고 민주주의를 요구하는 사람들을 탄압했다. 우리 국민은 유신 정권보다 더욱 심한 독재 정권을 겪어야 했다. 1985년부터 거세게 번져 가던 반독재 민주화 운동은 1987년 전국에서 폭발했다. 그해 1월 대학생 박종철이 경찰의 고문을 받다가 숨지고, 6월에는 연세대학교 이한열이 경찰이 쏜 최루탄에 맞아 중태에 빠졌다. 국민들은 크게 분노했다. 국민들은 박종철 고문 사망 사건을 규탄하고 민주주의를 지키기 위한 시위를 벌였고, 전국에서 많은 국민들이 시위에 참여했다.

6·29 민주화 선언

노태우 민정당 대표의 6·29 선언

1987년 6월 10일 전국에서 '박종철 군 고문 살인 은폐 조작 및 민주 헌법 쟁취 범국민 대회'가 열렸다. 항쟁은 날마다 이어졌으며 6월 18일과 6월 26일에는 헤아릴 수 없이 많은 인파가 모여 독재 정권을 규탄했다. 시위 현장에는 학생뿐 아니라 넥타이를 맨 직장인, 시장 상인, 농민 등 전 국민이 참여하여 대통령 직선제 개헌과 민주화를 요구하였다. 마침내 6월 29일, 당시 대통령 후보였던 노태우가 국민의 요구를 받아들여 직선제 개헌을 하겠다고 발표했다. 이를 6·29 민주화 선언이라고 하고, 국민의 힘으로 군사 정권을 무너뜨리고 민주화를 이룬 이 사건을 6월 민주 항쟁이라고 부른다.

6월 항쟁 이후 국민들은 새로운 희망에 불타올랐다. 구속된 양심수들이 석방되고 언론의 자유도 확대되었다. 6월 항쟁의 결과 16년 만에 국민의 손으로 대통령을 직접 선출하기 시작했고, 지금까지 계속되고 있다.

1 다음은 어느 인물에 대한 설명이다. ○○○은 누구인가요?

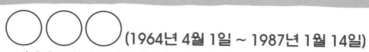

○○○ **(1964년 4월 1일 ~ 1987년 1월 14일)**

대한민국의 민주 운동가이다. 서울대학교 언어학과 학생회장이던 박종철은 제 5공화국 말기에 공안당국에 붙잡혀 물고문을 받다가 사망했다. 당시 이 사실을 은폐하려던 독재 정권은 시민들의 대대적인 저항에 부딪혔고 결국 6·29 선언을 발표할 수밖에 없었다.

2 6월 민주 항쟁 당시의 사진을 보고 느낌을 써 보세요.

6월 민주 항쟁 중 사망한 이한열을 추모하기 위해 모인 사람들

3 다음 두 신문 기사를 읽고 6·29 민주화 선언이 무엇인지 설명해 보세요.

대한민국의 정치 발전

1948년 대한민국 정부 수립 후 지금까지
18대 대통령에 11명의 대통령이 있었습니다.
다음 각 정부와 관련 있는 사건을 연결하면서 대한민국의 정치 발전을 이해합시다.

1 이승만 정부(1~3대 대통령)
(1948.8 ~ 1960. 4)

2 장면 내각(4대 윤보선 대통령)
(1960 ~ 1961)

3 박정희 정부(5~9대 대통령)
(1963 ~ 1979)

4 최규하 대통령(10대 대통령)
(1979 ~ 1980)

5 전두환 정부(11~12대 대통령)
(1980 ~ 1988)

6 노태우 정부(13대 대통령)
(1988 ~ 1993)

7 김영삼 정부(14대 대통령)
(1993 ~ 1998)

8 김대중 정부(15대 대통령)
(1998 ~ 2003)

9 노무현 정부(16대 대통령)
(2003 ~ 2008)

10 이명박 정부(17대 대통령)
(2008 ~ 2013)

11 박근혜 정부(18대 대통령)
(2013 ~   )

- 대통령 직선제 개헌
- 5 · 16 군사 정변
- 북방 외교 확립 (한중, 한소 수교)
- 4 · 19 혁명
- 경제개발, 새마을 운동
- 최초의 여성 대통령
- 금강산 관광
- 4대강 사업
- 남북 정상 회담
- 지방자치제 전면 실시
- 5 · 18 광주 민주화 운동

3 산업화와 경제발전

학습목표 🔍

- 전쟁의 폐허를 딛고 경제가 발전한 과정을 말할 수 있어요.
- 산업화로 달라진 생활 문화에 대해 말할 수 있어요.

학습내용 🔍

01 경제 개발 5개년 계획
02 새마을 운동
03 달라진 생활 문화
04 외환 위기의 극복

공부하고 스스로 평가하기

○ 경제 개발 5개년 계획이 무엇인지 말할 수 있어요.	☆☆☆☆☆
○ 새마을 운동이 무엇인지 말할 수 있어요.	☆☆☆☆☆
○ 외환 위기를 어떻게 극복했는지 말할 수 있어요.	☆☆☆☆☆
○ 산업화로 달라진 생활 문화를 말할 수 있어요.	☆☆☆☆☆

01 경제 개발 5개년 계획

박정희 정부가 추진한 경제 개발 5개년 계획은 전쟁으로 폐허가 된 나라를 일으키는 데 중요한 역할을 했습니다.

경제 개발 5개년 계획

6 · 25 전쟁으로 폐허가 된 우리나라는 공장과 도로, 집 등 모든 게 파괴되었다. 이승만 정부는 미국이 원조한 물자 등을 받아 전후 복구에 힘썼으며, 박정희 정부는 1962년부터 경제 개발 5개년 계획을 발표하고 정부가 앞장서서 경제 개발을 진행하였다.

"전쟁을 겪은 지금 한국은 가장 가난한 나라입니다. 공업을 일으켜 경제 발전을 이루어야 합니다. 그러기 위해서는 수출만이 살 길입니다."

정부는 수출을 많이 하는 기업에 혜택을 주고 수출을 장려했다. 미국과 베트남 사이에 전쟁이 벌어지자 우리 군인들을 파병해 외화를 벌었고, 한국의 젊은 광부와 간호사들을 부모 형제를 떠나 낯선 땅인 독일에 가서 외화를 벌여들였고, 건설 기술자들은 멀리 중동 지방의 뜨거운 사막에서 열심히 일해 외화를 벌어들였다.

1962년부터 4차에 걸쳐 실시된 경제개발 5개년 계획은 1982년부터는 양적 성장과 더불어 질적 발전과 국민 생활의 향상에도 중점을 둔 경제사회발전 5개년 계획으로 이름을 바꾸어 1996년까지 계속되었다.

	주요 사업 목표	주요 사건 및 사업 경과
1962 ~ 1966 제1차 경제개발 5개년 계획	• 에너지원 확충(전력, 석탄) • 기간산업, 사회간접자본 확충	• 베트남 파병 • 발전소 건설
1967 ~ 1971 제2차 경제개발 5개년 계획	• 식량 자급자족, 산림녹화 • 본격적인 공업화 추진	• 10억 달러 수출 달성(1971) • 산업단지, 고속도로 건설
1972 ~1976 제3차 경제개발 5개년 계획	• 중화학 공업 육성 • 지역 균형 개발	• 제1차 석유파동(1973) 극복 • 건설 근로자 중동 파견
1977 ~ 1981 제4차 경제개발 5개년 계획	• 자력 성장 구조 실현 • 기술 혁신과 기술 개발	• 100억 달러 수출 달성(1977) • 제2차 석유파동(1979) 극복
1982 ~ 1986 제5차 경제사회발전 5개년 계획	• 경제성장의 지속 • 국민복지 향상	
1987 ~ 1991 제6차 경제사회발전 5개년 계획	• 원활한 시장경제 • 공평한 분배	• 1988 서울 올림픽 개최
1992 ~1996 제7차 경제사회발전 5개년 계획	• 기업의 경쟁력 강화 • 균형발전, 국제화 및 자율화	• 1996 OECD 가입

1 우리나라의 경제 발전을 왜 한강의 기적이라고 부르나요?

서독의 경제 발전은 라인강의 기적이라고 해.

수출액의 증가

2 다음 우표가 몇 차 경제 개발 계획 우표인지 말하고, 우표에서 강조하는 중점 추진 사업이 무엇인지 말해 보세요.

02 내마을 운동

새마을 운동은 박정희 정부가 1970년부터 농촌 사회를 잘살게 만들기 위해 벌인 운동입니다.

새마을 가꾸기 운동 – 새마을 운동

박정희 정부는 1970년부터 농촌을 잘살게 하기 위한 새마을 운동을 시작했다. 근면, 자조, 협동 정신을 바탕으로 한 마을 가꾸기 사업을 제창하고 이것을 '새마을 가꾸기 운동'이라 부르기 시작한 데서 시작되었다.

박정희 정부는 1971년 전국의 모든 마을에 시멘트 335포대를 무상으로 나눠 주고 각 마을마다 하고 싶은 사업을 자율적으로 하도록 했다. 어떤 마을은 정부가 무상 공급한 시멘트로 마을 사람들이 협력하여 마을에서 꼭 필요한 사업을 펼쳐 성과를 낸 마을도 있고, 아예 아무 사업도 하지 못하고 우왕좌왕하는 마을도 있었다. 정부는 사업을 잘한 마을에는 또다시 시멘트 500포대와 철근 1톤씩을 무상 공급하면서 농민들 스스로 자신의 마을을 가꾸도록 독려했다.

마을 주민들은 나라의 발전뿐만 아니라 자기가 사는 마을의 발전과 내 생활의 발전을 위해서도 새마을 운동이 꼭 필요하다 생각하고 삽과 괭이, 호미나 낫을 들고 새마을 운동에 참여했다. 초가집 지붕을 슬레이트 지붕으로 바꾸고, 마을길을 넓히고, 개천을 정비하는 등 자기 마을을 가꾸는 일에 몸을 아끼지 않았다.

새마을 운동 정신 – 근면, 자조 협동

새마을 운동은 초기에는 단순히 농촌을 잘살게 하자는 운동이었는데, 좋은 성과를 거두자 도시, 직장, 공장에까지 확산되었다. 새마을 운동은 전 국민에게 근면, 자조, 협동을 생활화하는 의식 개혁 운동으로 발전하여 대한민국 국민이면 남녀노소 모두 참여했다. 당시 모든 대한민국 국민은 가난에서 벗어나기 위해서라면 무슨 일이든 가리지 않을 만큼 절박했기 때문에 새마을 운동이 내건 근면·자조·협동의 정신이 모든 국민에게 확산될 수 있었다.

1 다음 새마을 노래 가사를 보며 마을 사람들이 한 일에 동그라미 하고, 다음 사진이 무엇을 하는 장면인지 말해 보세요.

새마을 노래

섬섬하면서도 명랑하게   박정희 작사·작곡

1. 새 벽종이 울렸네   새 아침이 밝았네
2. 초 가집도 없애고   마 을길도 넓히고
3. 서 로서로 도와서   땀 흘려서 일하고
4. 우 리모두 굳세게   싸 우면서 일하고

너 도나도 일어–나   새 마을을 가꾸–세
푸 른동 산 만들–어   알 뜰살뜰 다듬–세
소 득증 대 힘써–서   부 자마을 만드–세
일 하면 서 싸워–서   새 조국을 가꾸–세

(후렴)
살   기 좋 은   내 마 을

우   리 힘 으 로 만 드 세

2 새마을 운동은 농촌 잘살기 운동에서 어떻게 확산되어 갔나요?

1960년대 이후 경제 개발을 통한 산업화와 기술의 발달은 사람들의 생활을 크게 변화시켰습니다.

전기와 수도 공급, 아파트의 등장

1950년대 우리나라는 전쟁으로 폐허가 되어 세계에서 가난한 나라 중 하나였으나 경제 개발로 산업화가 이루어지면서 국민들의 생활 문화가 크게 바뀌었다.

경제 성장에 따라 먼저 주택의 모습이 달라졌다. 밀집된 단층 주택에서 연립 주택이나 아파트 등의 공동 주택으로 바뀌었다. 1964년부터 전기가 안정적으로 공급되면서 1974년에 전기 보급률이 전체 가구의 90%에 이르렀고, 상수도 보급률도 1980년에 전체 가구의 54.6%가 되었다. 난방이나 취사도 석탄에서 도시가스와 석유로 바뀌었다. 1960년대에 등장한 아파트는 점차 늘어나 오늘날 우리나라의 대표적인 주거양식으로 자리잡았다.

가전 제품의 보급

전기의 보급으로 가정용 전자 제품이 폭발적으로 증가했는데, 이러한 가전 제품의 등장은 가사 노동 시간 감소와 여가 시간 증대로 생활 문화를 크게 바꾸어 놓았다. 1970년대 중반에는 텔레비전이 본격적으로 보급되었다. 1974년에 처음 선보인 가정용 가스 레인지가 1990년 무렵에는 거의 모든 가정에서 쓰였고, 1990년 무렵에는 세탁기, 냉장고 보유율도 90~100%에 이르렀다.

교통과 통신의 발달

경제가 성장하면서 교통과 통신도 많이 발전하였다. 1968년 우리나라 최초의 고속 국도인 경인 고속 국도가 개통된 이후 많은 고속도로가 생기면서 자동차 산업도 발전하여 1970년대 최초로 생산된 자동차는 1990년대에 이르러 자가용 시대를 열었다. 1980년대 후반에 보급되기 시작한 개인용 컴퓨터(PC)와 인터넷, 휴대 전화, 초고속 인터넷의 보급으로 사람들은 집에서도 물건을 사거나 기차표를 예약하고 은행일도 볼 수 있게 되었다. 또한 인터넷으로 음악을 듣고 영화를 보거나 공부하는 것도 가능해졌다.

1 다음 사진을 보고 산업화와 기술의 발달로 달라진 우리의 생활을 말해 보고, 또 달라진 생활 문화를 찾아 내가 만들어 보세요.

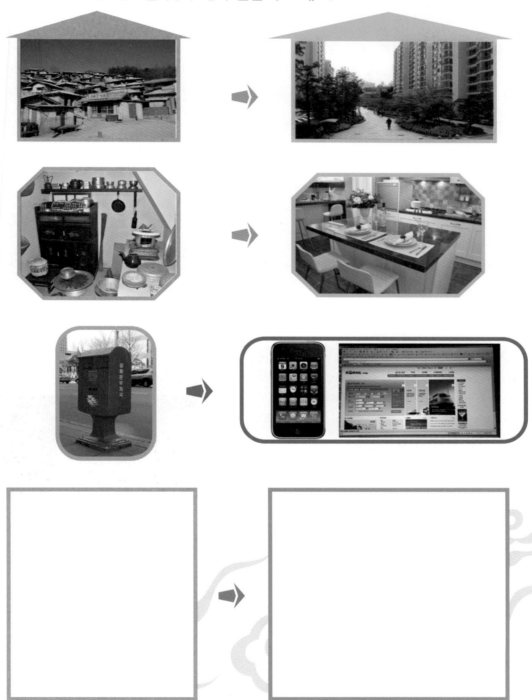

대한민국은 놀라운 경제 성장으로 한강의 기적을 이루었지만, 1997년 경제 위기를 맞아 국제 통화 기금의 관리를 받게 되었습니다.

외환 위기 – IMF 구제금융

대한민국은 놀라운 경제 성장으로 세계 무역 10위권에 드는 국가가 되었다. 1988년 에는 서울에서 올림픽이 열려 159개국이 참여하여 한국의 발전된 모습을 보았다. 1990년대 들어서는 노동자들의 수입이 늘어나면서 많은 사람들이 자기 집을 장만하 고 자가용을 타기 시작했다. 1996년에는 선진국들의 모임인 경제 협력 개발 기구 (OECD)에 회원국으로도 가입했다.

그런데 1997년 한국 경제는 큰 경제 위기를 맞았다. 기업들이 외국의 돈을 빌려 경 제 개발을 추진했는데, 1997년 말 외국인들이 투자 했던 돈을 한꺼번에 찾아가는 바람에 외환(달러)이 부족해 경제 위기를 맞게 된 것이다. 우리나라는 국제 통화 기금(IMF)에서 580억 달러를 빌려 위기 를 해결했고, 그 대가로 국제 통화 기금이 요구하 는 경제 정책을 따라야 했다.

<금 모으기 운동>

경제가 위기에 처하자 우리 국민들은 금 모으기 운동을 벌였다. 금을 모아 외국에 팔아서 외화 를 벌어들이는 데 보탬을 주기 위해서다. 이 운동은 구한말 국채 보상 운동과 마찬가지로 범국민적으로 전개되었다. 금 모으기 운동은 1998년 총 두 달 동안 이루어졌는데, 이 운동에는 모두 351만 명이 참가하 여 21억 3천 달러 어치의 금을 모았다.

IMF 관리 체제의 문제점과 위기의 극복

국제통화기금(IMF)은 대대적인 기업의 구조 조정을 추진했다. 구조 조정이란 기업 의 효율을 높이기 위해 수익성이 낮은 부분을 정리하거나 직원을 줄이는 것을 뜻한다. 그 결과 많은 기업이 문을 닫았고 대량 실업 사태가 벌어졌다. 하지만 위기를 극복하 기 위해 정부와 국민들이 힘을 합쳤고 2007년에는 1인당 국민 총소득이 2만 달러를 넘어섰다. 무역 규모는 세계 10위권에 들었고 위기의 원인이 되었던 외환도 충분히 보유하게 되었다. 이를 토대로 우리나라는 현재 다양한 산업 분야에서 제품을 만들어 세계 여러 나라에 물품을 수출하고 있다.

1 1997년 외환 위기가 벌어질 당시 우리나라 사회 모습이 아닌 것은?

① 세계 무역 10위권에 드는 국가가 되었다.
② 많은 사람들이 자기 집을 장만하고 자가용을 타기 시작했다.
③ 우리나라 사람들은 근검 절약 정신으로 새마을 운동을 열심히 했다.
④ 우리나라는 경제 성장을 하는 데 필요한 돈을 외국에서 많이 빌렸다.

2 우리나라 국민들이 금 모으기 운동을 벌인 이유는 무엇인가요? 사진 속의 표어를 읽어 보세요. 만약 또다시 우리나라에 외환 위기가 일어난다면 여러분도 엄마, 아빠처럼 금 모으기 운동에 참여할 건가요?

3 국제 통화 기금(IMF)은 왜 우리나라에 달러를 빌려 주었을까요? 그 대가로 IMF는 우리나라 기업들에게 무엇을 강요했나요?

4 국제 통화 기금(IMF) 관리를 받은 이후 우리나라에 생긴 문제점은 무엇인가요?

외환 위기 당시 어느 초등학생의 일기

아빠는 다니던 직장에서 쫓겨나셨다. 우리는 그 동안 살던 곳에서 더 좁은 곳으로 이사를 왔다. 다니던 학원도 그만두었고 외식을 하거나 놀이공원에 갈 수도 없다. 엄마도 식당 일을 나가서 저녁에나 돌아오셨다. 나는 예전처럼 우리 가족이 다시 행복하게 살았으면 좋겠다.

할머니, 할아버지께 편지 쓰기

전쟁의 폐허에서 굶주림과 싸워 가며 온 몸을 바쳐
한강의 기적을 만든 사람은 여러분들의 할머니, 할아버지입니다.
할머니, 할아버지께 고마움을 전하는 편지를 써 보세요.

할머니, 할아버지께

4 평화통일을 위한 노력

학습목표

• 남북한의 평화통일을 위한 노력을 이해하고, 우리가 할 수 있는 일을 알아본다.
• 더불어 사는 사회와 세계 평화를 위해 우리가 할 수 있는 일을 알아본다.

학습내용

01 남한의 사회 모습
02 북한의 사회 모습
03 남북한 통일을 위한 노력
04 인류의 평화를 위한 노력

공부하고 스스로 평가하기

○ 남한의 민주주의가 발전된 모습에 대해 말할 수 있다. ☆☆☆☆☆

○ 남한과 다른 북한의 사회 모습에 대해 말할 수 있다. ☆☆☆☆☆

○ 남북한이 통일을 위해 노력한 성과에 대해 말할 수 있다. ☆☆☆☆☆

○ 더불어 사는 사회와 세계 평화를 위해 내가 할 수 있는 일을 말할 수 있다. ☆☆☆☆☆

6 · 25의 폐허 속에서 경제 발전과 민주화를 이루어 낸 대한민국 사회의 발전된 민주주의 모습을 알아봅시다.

평화적 정권 교체

1987년 6월 민주 항쟁으로 우리 국민은 다시 우리 손으로 대통령을 직접 선출할 수 있게 되었다. 그리하여 1992년 김영삼이 대통령으로 선출되면서 군인 출신 대통령 시대를 끝내고 최초의 문민정부가 수립되었으며, 1997년에는 김대중이 대통령에 당선됨으로써 처음으로 여당에서 야당으로 평화적

인 정권 교체가 이루어졌다. 국민이 나라의 주인이란 사실이 분명해지고 국민의 힘으로 정치권력을 교체할 수 있게 되면서 여러 분야에 걸쳐 민주화가 이루어졌다.

민주주의의 발전

1991년에는 지방 자치 제도가 다시 도입되어 시 · 도 의회 의원, 시 · 군 · 구 의회 의원을 지역 주민들이 직접 선출하게 되었고, 1995년에는 시장 · 도지사 · 군수 · 구청장 등 지방 자치 단체장 선거도 실시되었다. 이 제도는 우리나라의 풀뿌리 민주주의 발전의 계기가 되었다. 2008년에는 자

녀의 성과 본을 아버지의 것만을 따라야 했던 호주제가 폐지되었다. 뜻을 같이하는 사람들끼리 단체를 만들어 자신들의 의사를 자유롭게 표현하고, 인터넷 언론을 비롯한 다양한 언론이 생겨나면서 각계각층의 의사를 자유롭게 표현할 수 있게 되었다. 또한 인권 침해 및 차별 행위를 조사하여 잘못을 바로잡고 인권의 증진과 관련된 국가 정책을 세우기 위한 국가 인권 위원회가 설립되었다.

경제 성장의 그늘

우리나라는 급속한 경제 성장으로 국민들의 생활이 과거에 비해 넉넉해졌으나 경제 발전 과정에서 여러 사회 문제가 발생했다. 잘사는 사람과 못사는 사람의 격차가 커졌고, 경제를 우선으로 내세운 까닭에 물질 만능주의 문제도 심각하다. 또 경제 개발에 따른 환경 파괴, 인구의 도시 집중 문제가 생기기도 했다. 앞으로 우리는 모두의 인간다운 삶을 보장해 주면서 경제 발전을 추구하는 방향으로 문제를 해결해 나가야 한다.

1 다음 두 대통령의 이름을 쓰고, 이 두 정부가 민주주의 발전에서 갖는 의미가 무엇인지 말해 보세요.

2 다음 사진들이 민주주의와 어떤 관련이 있는지 말해 보세요.

시민단체

국가인권위원회

호주제 폐지

지방자치제

인터넷 언론

3 다음 경제 성장에 따른 문제점을 바르게 연결하며, 해결책을 생각해서 말해 보세요.

빈부 격차의 심화 •

물질 만능주의 •

환경 오염 문제 •

인구의 도시 집중 문제 •

으~ 매연 없는 세상에 살고 싶다.

일할 젊은이가 없어서 걱정이야.

언제 내 집을 가져 보나?

돈이 최고야.

1945년 8·15 광복 이후 남한과 달리 사회주의 정부가 들어선 북한 사회의 모습을 알아봅시다.

1인 독재 체제 : 김일성 → 김정일 → 김정은

1945년 분단 이후 북한에는 남한과 달리 사회주의 정부가 들어섰다. 6·25 전쟁이 끝난 뒤 김일성은 반대파를 제거하고 권력을 자신에게 집중하여 김일성 독재 체제를 강화했다. 북한 곳곳에 김일성의 동상과 기념비를 세우고 각 가정의 안방에 김일성 초상화를 걸어 놓도록 하는 등 개인숭배가 이루어졌다. 1974년 북한은 김일성의 아들 김정일을 후

김정은

계자로 삼기 위해 김정일에 대한 개인숭배를 본격화했다. 1994년 김일성이 죽은 후 김정일은 국가 최고 지도자인 국방위원장이 되어 북한을 통치했다. 2011년 12월 17일 김정일이 갑작스럽게 사망하자 그의 아들인 김정은이 권력을 이어받아 김일성-김정일-김정은으로 이어지는 3대 세습이 이루어졌다.

북한의 경제

북한의 경제는 기본적으로 모든 경제 계획을 국가가 수립하고 개인의 사유 재산을 인정하지 않는 사회주의 경제 체제를 유지하고 있다. 그러나 계속되는 경제 사정의 악화와 사회주의권의 붕괴는 북한 사회를 어려움에 빠지게 하였다. 이에 북한은 부분적인 개방 정책으로 경제적 어려움을 벗어나기 위해 애쓰고 있다.

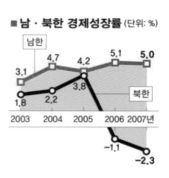

■ 남·북한 경제성장률 (단위: %)

북한 어린이들의 생활

북한의 학생들은 유치원 2년, 소학교 4년, 중학교 6년(중등반 4년, 고등반 2년)이며, 대학교는 3년에서 6년으로 다양하다. 이 가운데 우리의 초등학교에 해당하는 소학교에서는 2학년부터 소년단에 들어가 야영생활도 하고 단체 생활을 배운다. 북한에서는 만화 영화를 아동 영화라고 부르는데 〈소년장수〉, 〈영리한 너

북한 교실의 모습

구리〉들이 인기 있는 만화영화이다. 북한에서도 연예인은 인기가 많은데 인민배우, 공훈배우 칭호를 받은 배우들은 아주 인기가 많다.

1 북한에는 김일성 동상이 3만 8천 개나 된다고 합니다. 왜 이렇게 동상을 많이 세웠을까요?

김일성 생일 축하

김정일 생일 축하

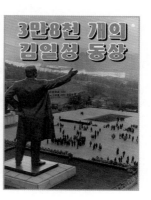

2 다음은 북한의 소학교 입학식과 소년단 입단식 사진입니다. 나의 초등학교 입학식 모습과 비교해 보세요.

북한의 소학교 입학식

북한의 소년단 입단식

3 다음 북한말이 무슨 뜻인지 보기에서 골라 알아맞혀 보세요.

보기				
노크	대기실	도시락	무지개	인물화
임진왜란	장군총	도넛	주차장	파마

1 장군 무덤 〔　　　〕　　　2 손기척 〔　　　〕

3 임진 조국 전쟁 〔　　　〕　　　4 기다림칸 〔　　　〕

5 사람그림 〔　　　〕　　　6 가락지빵 〔　　　〕

7 색동다리 〔　　　〕　　　8 차마당 〔　　　〕

9 곽밥 〔　　　〕　　　10 폭탄머리 〔　　　〕

우리 민족은 남북으로 분단된 후 평화 통일을 위히 노력해 왔으며, 남북한은 1991년에 남북 기본 합의서를 채택하고 대화와 협력을 강화해 나가고 있습니다.

금강산 관광 시작(1998년)

1998년 11월 18일 시작된 금강산 관광은 한국의 민간인들이 북한을 여행하는, 남북 분단 50년사에 새로운 획을 그은 사건이다. 현대그룹의 오랜 노력과 김대중 정부의 햇볕정책이 맞물려 그 결실을 맺었다. 11월 14일 금강산 관광선인 금강호의 시험 운항을 마치고, 마침내 11월 18일에 금강호가 첫출항하였다.

햇볕정책 : 한 남자의 옷을 벗기려면 세찬 바람보다 따뜻한 햇볕이 더 효과적이라는 이솝 우화에서 유래한 말로, 김대중 정부가 추진한 북한 포용 정책을 말한다.

남북 정상 회담(2000년 6월 / 2007, 10월)

1945년 분단 이후 현재까지 남한과 북한은 두 차례에 걸쳐 정상 간의 만남을 가졌다. 2000년 6월 김대중 대통령은 역사상 처음으로 북한의 최고 지도자인 김정일 국방위원장과 제1차 정상 회담을 갖고 '6 · 15 공동 선언'을 발표했고, 이후 장관급 회담을 정기적으로 열고 개성공단 등 남북 교류를 활성화하기로

남북 정상 회담

합의했다. 2007년 10월 2일 제2차 정상회담에서는 노무현 대통령이 육로를 통해 북한을 방문하여 김정일 국방위원장과 만나 정상회담을 갖고 '남북 관계의 발전과 평화 번영을 위한 선언'(10 · 4 선언)을 발표했다.

북한의 개성 공단 사업(2002년)

개성 공단은 2000년 6 · 15공동선언 이후 남북 교류 협력의 하나로 2000년 8월 9일 남북이 합의하여 북한의 개성시 봉동리 일대에 개발한 공업단지이다. 남한의 자본과 기술, 북한의 토지와 값싸고 질 좋은 노동력이 결합하여 남한은 시장을 넓히고 북한은 경제난을 해결하고자 한 것이다. 개성공단은 험난한 협상 끝에 2002년 12월 공식 착공되었다.

개성 공단의 모습

1 다음 연도별 남북 교역액 현황 그래프를 보고 물음에 답하세요.

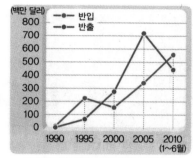

연도별 남북 교역액 현황(출처 통일부)

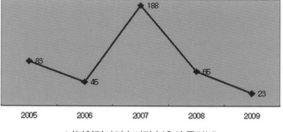

남북협력사업승인건수(출처 통일부)

 남북한 교역이 가장 활발했던 시기는?

 남북 협력 사업 승인 건수가 가방 활발했던 연도는 몇 년인가요?

2 다음 중 남한과 북한의 평화 정착에 도움이 되지 않는 활동을 찾아보세요. 나는 남북한의 평화 정착을 위해 무엇을 하고 싶은가요?

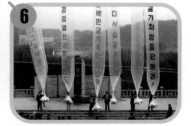

지구촌의 모든 사람들이 더불어 사는 전쟁 없는 평화로운 지구촌을 만들기 위해 우리가 할 수 있는 일이 무엇인지 알아봅시다.

지구는 하나의 마을이다

우리는 교통과 통신의 발달에 따라 세계가 하나의 마을처럼 움직이는 지구촌 시대에 살고 있다. 인터넷과 통신위성은 각국의 문화를 전세계로 확산시키고 있으며 서로 다른 문화를 가지고 있는 세계 여러 나

라는 점점 같은 문화를 즐기고 있다. 진정한 세계화는 여러 지역 사람들의 다양한 삶이 존중되고 보호될 때 이루어진다. 우리나라의 전통문화를 계승 발전시키려는 노력과 함께 다른 나라의 문화도 존중하는 태도가 필요하다.

더불어 사는 사회 만들기

앞만 보고 달려온 산업화 시대에 우리는 경쟁과 물질 만능주의에 너무 집착해 왔다. 이젠 성장의 그늘에 가려 어려운 생활을 하는 이웃을 돌아보고 사회적 약자인 여성, 청소년, 노인, 장애인, 외국인들이 차별받지 않는 더불어 사는 사회를 만들기 위해 노력해야 할 것이다.

인류의 평화를 위하여

두 차례의 세계 대전을 치렀지만 아직도 세계 곳곳에는 여러 가지 원인으로 분쟁이 끊이지 않고 있다. 아랍인과 유대인 사이의 종교 갈등은 무력 충돌로 이어지고, 소수 민족과 유색 인종을 차별하는 인종 갈등, 빈곤 국가들의 기아와 질병 문제 역시 폭력과 분쟁의 원인이되고 있다. 이러한 갈등과 분쟁을 평화적으로 해결해야만 지구의 평화를 지킬 수 있다. 지구촌 시대에는 어느한 나라나 지역의 문제가 그 나라나 지역만의 문제로그치지 않는다. 따라서 북한의 평화 통일과 한반도 평

화 정착은 우리 국민뿐만 모든 세계인의 관심사이다. 남북한이 화해와 협력으로 평화 통일을 이루어내는 것만이 세계 평화에 기여하는 길이다.

1 지구촌이란 무슨 뜻인가요?

地 球 村
땅지 공구 마을촌

2 더불어 사는 사회를 만들기 위한 노력들을 사진에 담았습니다. 다음 행동이 누구를 돕기 위한 것인지 말해 보세요. 내가 해보고 싶은 활동은 무엇인가요?

한국사 공부를 끝내며
여러분은 오늘 한국사 마지막 수업을 했습니다.
9개월 동안 정말 수고 많으셨습니다.
지금까지 열심히 공부한 여러분에게 상장을 드립니다.

상 장

초등학교   학년   반

이름

위 학생은 역사 공부에 대한 관심이 높고,

특히 _____ 시대 _____에

특별한 관심과 흥미를 보이므로

앞으로 _____ 분야의 공부를

더욱 열심히 하면 큰 성취를 이룰 것입니다.

감돌역사의 <방과후 한국사> 전 과정을

성실하게 마쳤기에 이 상장을 드립니다.

년   월   일

함께 공부한 친구들이나 선생님께
하고 싶은 말을 써 주면서 마무리하고,
더 수준 높은 역사 수업으로 다시 만나요!!

에게

에게

에게

에게

이 곳에 가고 싶어요

이번 달에 배운 유적지 중 가장 가보고 싶은 곳 하나를 골라 답사 계획서를 작성해 보세요.

유적지	
유적지 주소	
답사 예정 날짜	함께할 사람
가보고 싶은 이유	
더 조사하고 싶은 내용	

답사 여행을 다녀와서

재미있게 답사를 잘 다녀왔지요? 보고서로 정리하면
더욱더 잊혀지지 않는 추억이 된답니다.

이름		날짜	년 월 일
유적지 이름			
같이 간 사람			
내가 본 유물과 유적			
느낀 점			
더 알고 싶은 점			

1차시 대한민국 정부 수립   03쪽~

01. 8 · 15 광복(1945)

1. 광복 : 빼앗긴 나라와 주권을 되찾음 / 1945년 8월 15일
2. ❶ 북쪽 블라디보스토크와 신의주에서 서울까지 이동 경로를 표시해 본다. 1945년 8월 22일
   ❷ 1945년 9월 2일
   ❸ 남쪽 일본에서 서울까지 이동 경로를 표시해 본다. 1945년 9월 8일
   ❹ 일본군의 무장 해제를 하기 위해서
3. 미군이 미국 국기를 게양하는 장면, 군정
4. 미국 중심의 자유 진영과 소련 중심의 공산 진영의 경쟁이 심해지면서 미국과 소련이 각각 자기 나라에 우호적인 정부를 세우고자 했기 때문에 남쪽엔 미군에 우호적인 정부가, 북쪽엔 소련군에 우호적인 정부가 들어서면서 남한과 북한으로 갈라지게 되었다.

02. 대한민국 정부 수립(1948)

1. 자유롭게 자신의 생각을 말해 본다. (예 : 난 반대야. 겨우 일본의 통치를 벗어났는데 또 누군가의 통치를 받는 것은 광복이라고 할 수 없어./ 난 찬성이야. 우리의 임시 정부를 세우는 게 중요해. 임시정부를 통해 안정을 찾고 신탁통치는 거부하면 돼.)
2. 자유롭게 자신의 생각을 말해 본다. (예 : 난 김구의 주장이 옳다고 생각해. 그때 더 노력하지 않아서 지금 이렇게 분단국가가 됐잖아./ 난 이승만 주장이 옳다고 생각해. 하루라도 빨리 정부를 수립해서 혼란을 수습해야 해.)
3. 남한 : 1948년 8월 15일 / 대한민국 / 이승만
   북한 : 1948년 9월 9일 / 조선 민주주의 인민공화국 / 김일성

03. 6 · 25 전쟁(1950)

1. 미국과 소련의 대립이 점점 심해지면서 남과 북의 사이도 점점 나빠졌기 때문에
2. ❶ 1950년 6월 25일
   ❷ 1950년 9월 15일
   ❸ 1950년 10월 25일
   ❹ 1953년 7월 27일
3. 1950년 6월 25일 북한군 남침, 1950년 9월 15일 유엔군 인천 상륙 작전, 1950년 10월 25일 중국군 개입, 1953년 7월 27일 휴전 협정 체결

04. 6 · 25 전쟁이 미친 영향

1. 자신의 생각을 자유롭게 말해 본다. 예) 피란민 : 어서 안전한 곳으로 도망가자! / 학도병 : 내가 과연 총을 쏠 수 있을까? / 전쟁고아 : 엄마 아빠가 보고 싶어.
2. 38선 : 일본군의 무장해제를 위해 우리나라에 진주한 미국과 소련 점령군의 군사 분할선
   휴전선 : 6.25 전쟁이 휴전함으로써 생긴 군사분계선
3. 휴전 협정은 전쟁의 전투 행위를 중지했지만 전쟁 상태는 계속되는 것이고, 평화 협정은 전쟁의 전투 행위를 중지한 후 평화 상태를 회복하거나 우호 관계로 발전시키기 위한 협정 / 자신의 생각을 자유롭게 말해 본다.(예: 휴전 협정을 평화 협정으로 바꾸면 남북의 적대감을 줄일 수 있어!)

2차시 민주주의를 위한 노력   13쪽~

01. 4 · 19 혁명(1960)

1. 민주주의 : 국민이 주인이 되어 국민을 위한 정치가 이루어지는 제도
2. 우리나라 첫 대통령 이승만은 발췌 개헌과 사사오입 개헌으로 1~3대 대통령이 되었다. 4대 대통령을 뽑는 선거에 부정 선거로 다시 이승만이 대통령에 당선되자 분노한 시민들이 선거 무효와 재선거를 주장하며 마산, 서울, 부산 등 전국에서 시위가 일어났다. 1960년 4월 19일 서울에서 대학생을 중심으로 일어난 시위에 경찰이 총으로 진압하자 분노한 시민들과 초등학생, 대학 교수들까지 시위에 참여했다. 이승만 대통령은 하야를 선언하고 미국 하와이로 떠나고 대통령과 부통령을 뽑는 재선거를 했다.

02. 5 · 16 군사 정변(1961)

1. 법으로 정해진 규칙에서 벗어난 방법으로 군사 정부를 세우는 정치상의 큰 변화
2. 부패하고 무능한 정권과 정치인들에게 국가와 민족을 맡겨 둘 수 없기 때문에
3. 18년
4. 대통령을 통일주체국민회의에서 간접 선거로 선출하는 유신 헌법을 통과시켜 장기 집권을 하기 위해서
5. 유신 헌법 반대 시위를 벌였다. 감옥에 잡아 가두는 등 강경하게 대처했다.
6. 호응 : 경제 개발을 위해 노력한 대통령 / 비판 : 민주주의 후퇴를 가져온 대통령

03. 5 · 18 민주화 운동(1980)

1. ② 박정희
2. 1980년 5월 18일 광주 시민과 학생들은 계엄령 철폐와 민주 인사 석방을 요구하는 시위를 벌였다. / 5월 21일 군인들이 시위대를 향해 집중 사격을 퍼부어 많은 시민들이 총에 맞아 죽었다. / 5월 27일 군대가 스스로의 목숨을 지키기 위해 조직된 시민군이 있는 도청을 기습 공격하여 무차별 총격을 가해 대부분 사망했다. / 1995년 '민주화 운동에 대한 특별법' 이 만들어져 5 · 18 민주화 운동 희생자들을 위로했다. / 5 · 18 민주화 운동 희생자들을 위한 비문을 써 본다.

04. 6월 민주 항쟁(1987)

1. 박종철
2. 사진을 보고 자신의 생각을 말해 본다. (예 : 와, 정말 사람들이 많이 모였네. 당시 얼마나 많은 시민들이 참여했는지 사진을 보니 실감이 나네.)
3. 6 · 29 민주화 선언은 국민이 직접 대통령을 뽑도록 헌법을 개정하겠다는 내용을 담고 있다. (국민들의 힘으로 직선제를 쟁취했기 때문에 우린 모두 승리자라는 표현을 썼다.)

역사 상상력 업

1 4 · 19 혁명   2 4 · 19 혁명
3 4 · 19 혁명, 5 · 16 군사 정변, 경제개발, 새마을 운동
4 경제개발, 새마을 운동   5 5.18 광주 민주화 운동
6 북방 외교 확립   7 지방자치제 전면 실시
8 남북 정상 회담, 금강산 관광   9 남북 정상 회담, 금강산 관광
10 4대강 사업   11 최초의 여성 대통령

3차시 산업화와 경제 발전 23쪽~

01. 경제 개발 5개년 계획

1. 전쟁으로 모든 게 파괴된 나라가 기적같이 빠른 경제 성장을 이루었기 때문에
2. 1차 전력 / 1차 석탄 / 1차 정유 / 1차 수출 / 2차 기계공업 / 2차 제철 / 2차 항만시설 / 2차 기계공업 / 2차 주택 / 3차 중화학공업의 건설 / 3차 수출의 획기적 증대 / 3차 농어촌 경제의 혁신적 개발 / 3차 중화학 공업

02. 새마을 운동

1. 초가집도 없애고, 마을길도 넓히고, 푸른 동산 만들어, 소득증대 힘써서 / 사진은 맨 위부터 ❶ 초가집 지붕을 슬레이트 지붕으로 바꾸는 장면 ❷ 마을길 넓히기 ❸ 상하수도 공사 ❹ 개천 정비
2. 도시, 직장, 공장에까지 확산되어 전국민이 근면, 자조, 협동을 생활화하는 의식 개혁 운동으로 발전했다.

03. 달라진 생활 문화

1. 밀집된 단층 주택에서 아파트 등 공동 주택으로 / 석탄을 사용한 난방 취사에서 도시가스와 석유로 / 우편을 사용한 정보 전달에서 스마트폰, 인터넷으로 / 자신의 생각을 자유롭게 써 본다. (기차 – KTX, 비행기 / 노트 필기 – 워드 / 수동 카메라 – 디지털 카메라)

04. 외환 위기의 극복

1. ③
2. 금을 모아 외국에 팔아서 외화를 벌어들이기 위해서 / 장롱 속의 금 모아 나라 경제 되살리자 / 자신의 생각을 자유롭게 말해 본다.
3. 국가가 부도가 나면 돈을 받을 수 없기 때문에, 돈을 빌려주고 우리나라의 경제 정책에 관여하기 위해서 / 기업의 구조조정
4. 기업의 구조 조정으로 수많은 실업자가 생기면서 노숙자가 늘고, 중산층이 몰락했다.

4차시 평화통일을 위한 노력 33쪽~

01. 남한의 사회 모습

1. 김영삼, 최초의 문민 정부 / 김대중, 여당에서 야당으로 정권 교체
2. 시민단체 : 뜻을 같이하는 사람들끼리 단체를 만들어 자신의 의사를 자유롭게 표현 / 국가인권위원회 : 인권 침해 및 차별 행위를 조사하고 잘못을 바로잡고 인권 증진과 관련된 국가 정책 만들기 / 호주제 폐지 : 자녀의 성과 본을 아버지의 것만 따르는 것을 폐지 /지방자치제 : 고장의 대표를 국민이 직접 투표 / 인터넷 언론 : 각계각층의 자유로운 의사 표현
3. 빈부격차 심화 : 언제 내 집을~ / 물질 만능 주의 : 돈이~ / 환경 오염 문제 : 으~ / 인구의 도시 집중 문제 : 일할~

02. 북한의 사회 모습

1. 자신에게 권력을 집중하기 위해서
2. 자신의 입학식과 비교해 말해 본다.
3. ① 장군총 ② 노크 ③ 임진왜란 ④ 대기실 ⑤ 인물화 ⑥ 도넛 ⑦ 무지개 ⑧ 주차장 ⑨ 도시락 ⑩ 파마

03. 남북한 통일을 위한 노력

1. 2005~2010년, 2007년
2. ⑥, ⑨ / 자신의 생각을 자유롭게 말해 본다.

04. 인류의 평화를 위한 노력

1. 세계가 하나의 마을
2. ① 외국인 노동자 ② 어려운 이웃(소녀가장, 독거노인 등) ③ 빈곤 국가 ④ 어려운 이웃 ⑤ 장애인 ⑥ 빈곤 국가 ⑦ 어려운 이웃 ⑧ 다문화 가정 / 자신의 생각을 자유롭게 말해 본다.